A UN AMI, &c.

ou

HISTOIRE

DE L'ABBÉ DE BUQUOIT.

SECONDE ÉDITION.

Prix, 24 fols.

A PARIS;

Chez {
BAILLY, Libraire rue Saint-Honoré, Barrière des Sergens.

Les MARCHANDS de Nouveautés.

1788.

A UN AMI, &c.

o u

HISTOIRE

DE L'ABBÉ DE BUQUOIT.

QUAND vous m'avez parlé, mon
Ami, avec tant d'intérêt de l'Histoire de M. M.... de T..., vous
m'avez vu presque distrait ; je veux
vous en dire les raisons, & me
justifier à vos yeux de cette apparence d'insensibilité qui vous a étonné
de ma part. Je craindrois que mon
Ami ne crût que je suis devenu aussi

dur que les quatre cinquièmes des hommes de notre siècle.

Il m'a semblé ne trouver dans l'Histoire de M. de T...., qu'une anecdote dont il s'étoit ressouvenu, & dont il vouloit se donner pour le héros. Voilà en vérité la seule cause de cet air de distraction.

J'appréhende que vous ne m'en croyiez pas, & que vous ne vous imaginiez que c'est une défaite à laquelle je veux recourir : je me hâte de vous raconter l'anecdote que je connoissois : vous y appercevrez tous les rapports qui se rencontroient dans ma mémoire, avec l'Histoire de M. de T..... ; histoire aussi intéressante pour moi que pour vous, à présent que j'ai lu son imprimé, & que j'en ai apperçu tous les détails.

Jean-Charles DE BUQUOIT, né de parens nobles, devint orphelin de père & de mère, à l'âge de quatre ans. Le Comte de Buquoit, fon oncle & fon tuteur, lui fit bientôt faire fes études. Doué de beaucoup d'efprit & d'intelligence, il fit de grands progrès.

A dix-fept ans, il entra au fervice. Sa vie n'y étoit pas exemplaire. Etant tombé dans un très-grand péril, dont il avoit échappé comme par miracle, il fit le vœu d'examiner les myftères de la Religion. Pour l'accomplir, il alla en retraite chez les Jéfuites.

Les ouvrages de S. Paul lui furent d'un grand fecours. Ayant lu avec application le quatrième chapitre de l'Epître de cet Apôtre aux Romains, il s'écria : J'adore le Dieu de S. Paul! le voilà tout rempli d'onction.

Animé de zèle, il réfolut de renoncer à la fortune, au fervice, au monde, à tout, & de fe faire Chartreux.

Il poftula quelque temps ; mais,

comme il alloit voir le Prieur, que
ce Prieur lui demandoit ordinairement
des nouvelles, qu'ainfi il croyoit
que l'on entretenoit toujours dans
cette maifon quelqu'efpèce de cor-
refpondance avec le monde, & qu'il
vouloit rompre tout commerce avec
lui, ne regardant plus cette folitude
comme un afile affez sûr, il changea
bientôt de deffein, & fe détermina
pour la Trappe, où il favoit qu'il
régnoit un filence éternel.

Il fe foumit avec la plus grande
réfignation aux règles auftères de
cette Communauté. Sa fanté ne fe-
condant pas fa ferveur, il fut obligé
de quitter un genre de vie, que fon
tempérament ne pouvoit plus fup-
porter, & qui l'auroit entièrement
détruit.

Il s'étoit mis en tête de ne perdre
jamais l'idée de la préfence de Dieu:
il s'étoit impofé, pour pénitence,
de mettre le doigt en terre, toutes les

fois qu'il se surprendroit dans quelqu'autre pensé. Une application de
cette nature lui avoit entièrement
affoibli le cerveau.

Après avoir été long-temps édifié
de la vie & de la mort de ces Reli-
gieux, il prit congé de la Communauté, &, ne se croyant pas propre
à la vie contemplative, il voulut
imiter celle de S. Ignace, & de quelques autres qui ont erré à pied dans
le monde; &, dans cette intention,
il prit le chemin de Paris.

Fatigué de son voyage, & épuisé
par ses longues abstinences, il entra,
pour se rafraîchir, dans une vigne qui
se trouva sur son passage, & y
cueillit des raisins. Ayant été insulté
par un paysan qui le surprit sur le
fait, il oublia dans ce moment toutes
les leçons de modération & d'huma-
nité qu'on lui avoit données à la
Trappe, & il tira l'épée contre cet
homme, qui, ayant fui tout épou-

vanté, le laiſſa ſeul, & en état de faire des réflexions ſur ſon empor=tement.

Fâché d'avoir perdu par là le fruit de tant de combats qu'il avoit été obligé de ſoutenir contre lui-même, il voulut, pour ſe punir & s'humilier, ſe dépouiller d'un habit galonné qu'il portoit, & qui étoit le ſeul reſte de ſon ancienne mondanité. Il l'échangea contre les habits du premier pauvre qu'il rencontra, & continua ſa route.

Il s'étoit trouvé ſi affoibli après ce voyage, qu'il fut plus de deux ans à ſe rétablir. Pendant ce temps, il avoit été incertain ſur le parti qu'il devoit prendre; mais il étoit toujours reſté dans l'intention de renoncer au monde. Ayant enfin recouvré une partie de ſes forces, il choiſit un genre de vie un peu plus conforme à ſon tempérament, mais en même temps propre à humilier l'orgueil qu'il reconnoiſſoit être ſa paſſion dominante.

Il alla à Rouen *incognito*, &, ſous le nom ſuppoſé de *Lemort*, il entra dans un Séminaire où l'on élevoit de pauvres garçons qu'on deſtinoit à être Vicaires de Village, bornant toute ſon ambition à avoir un pareil ſort.

Il s'y diſtingua par une grande régularité de mœurs. Comme il étoit éloquent, il parloit beaucoup, & avec une grande ferveur, de la Religion. Ses talens donnèrent envie aux Jéſuites de Rouen de le connoître, de l'attirer parmi eux ; mais il refuſa d'entrer dans leur maiſon, craignant d'y rencontrer, ſous une autre forme, le monde qu'il vouloit fuir.

Malgré ſon déguiſement, il fut reconnu par un Officier de ſes anciens amis. Cette découverte augmenta la conſidération qu'on avoit déjà pour lui à Rouen ; & les éloges, qu'elle

A v.

lui fit accorder, l'obligèrent d'en
partir, de peur qu'ils ne réveillaſſent
l'amour-propre chez lui.

Il revint à Paris, auſſi affoibli que
la première fois, & hors d'état de
s'appliquer à aucune étude, ſa tête
étant entièrement uſée.

On parloit alors de faire une deſ-
cente en Angleterre en faveur du
Roi Jacques. L'Abbé (1) de Buquoit,
qui croyoit que c'étoit la bonne
cauſe, voulut, pour la défendre,
paſſer en Irlande, avec M. de Lauſun.
Sa mauvaiſe ſanté s'y oppoſa. Elle
empira même ſi fort, qu'elle le mit
enſuite hors d'état d'entrer dans le
Séminaire étranger, comme il ſe
l'étoit propoſé. Il fut près de deux
ans entre la vie & la mort, accablé
de maux de poitrine, qui ne lui per-
mettoient ni de parler ni d'écrire.

____

(1) Je n'en parlerai plus que ſous le nom
de l'Abbé de Buquoit.

Après avoir tenté bien des remèdes inutiles , il essaya le changement d'air, qui lui réussit mieux que le reste. Il loua une maison au faubourg S. Antoine.

Son zèle ne souffroit pas qu'il restât oisif & inutile ; il voulut fonder une Communauté de Prêtres, pour prouver la vérité de la Religion. Ce nouvel établissement lui suscita beaucoup de procès. Sa santé en fut de nouveau altérée , & son zèle se refroidit. Il devint moins dévôt., & même il résolut de rentrer dans le monde.

Il retourna chez ses parens qui , n'ayant su depuis long-temps ce qu'il étoit devenu, furent surpris de le revoir. Il lui échut dans ce temps-là un bénéfice ; mais, dégoûté de la vie ecclésiastique, il pensa à rentrer au service. Ce fut un nouveau système de créance & de conduite , suggéré par l'étude de la Philosophie , & sur-tout de la Métaphysique.

A vj

Il crut, après la bataille d'Ochstet,
pouvoir se rendre nécessaire aux siens,
faire fortune, & relever sa famille,
qui avoit été un peu abaissée par les
dépenses du feu comte de Buquoit, son
oncle, & par les chagrins que M. de
Louvois lui avoit causés. Il voulut
lever un régiment.

Il fut bientôt connu. Il passa, chez
les savans, pour un homme qui parloit,
avec le plus de force & de netteté, de
toutes les sciences profondes & abs-
traites.

Il s'étoit fait beaucoup de protec-
tions, & il étoit sur le point de lever
son régiment. Etant auparavant allé
faire un voyage en Bourgogne, pour
y réconcilier une famille de considération, il fut arrêté dans ce pays, sous
le prétexte qu'il avoit voulu y fo-
menter, de même qu'en Champagne,
un soulèvement, à la faveur de cinq
ou six mille faux-sauniers détachés des
frontières, & qui alloient, à main

armée, vendre le sel presque jusqu'aux portes de Paris. Il ne lui fut point difficile de se disculper.

Il avoit été obligé de voir, en Bourgogne, le Comte de la Rivière, qui en étoit Lieutenant de Roi, & lui étoit devenu suspect par la manière forte dont il avoit parlé contre le despotisme.

Passant à Sollieu, pour revenir à Paris, il y rencontra deux de ses amis qui venoient d'être taxés, & qui en étoient de fort mauvaise humeur. Ces Messieurs le prièrent à dîner, & s'engagèrent dans une conversation où il brilla beaucoup, fronda le despotisme, & forma un plan de gouvernement propre à faire la félicité publique. L'hôte, & toutes les personnes qui étoient dans l'auberge, en furent charmés. Dans la suite, ils lui firent un crime de cette conversation qu'ils avoient admirée.

Étant arrivé à Morchandgi, village

à deux lieues de Sens, pays fatal où
il devoit perdre sa liberté ! Il entra
dans une auberge, demanda à dîner,
& sur-tout du potage. L'hôtesse lui
fit goûter son bouillon ; comme il le
trouvoit trop salé, il dit, en plaisan-
tant : « On voit bien que le sel est
» à bon marché dans ce pays-ci, &
» que les faux-sauniers y ont amené
» l'abondance. » L'hôtesse se défendit
d'en avoir jamais acheté de ces gens-là.
Elle conta en même-temps la nouvelle
de leur défaite, comment on les avoit
attaqués, comment leurs chefs, après
une vigoureuse défense, s'étoient fait
tuer, & comment tout avoit été taillé
en pièces, à l'exception d'une trentaine de leurs charretiers qu'on avoit
menés, chargés de fers, dans les prifons.

L'Abbé de Buquoit, surpris de cette
nouvelle, s'écria : voilà des pauvres
diables bien attrapés ! S'ils avoient
eu un homme comme moi à leur tête,

cela ne leur feroit point arrivé. Il donna
là deſſus carrière à ſon imagination ;
vanta la manière dont il ſe feroit conduit dans un cas pareil, & il déclama
contre les impôts.

Cette converſation n'avoit pas plu
à un miſérable records de village qui
ſe trouvoit là : il demanda à l'Abbé de
Buquoit qui il étoit. L'Abbé le relança
avec hauteur. Pour s'en venger, & ſe
rendre recommandable, ce records
alla chercher un exempt de la Maré-
chauſſée, qui étoit dans le voiſinage,
& qui vint avec cinq ou ſix Sbires.
Ils arrêtèrent l'Abbé de Buquoit. Il
voulut d'abord ſe ſervir de ſes piſtolets ;
mais, la cohorte groſſiſſant, & la rumeur
augmentant, il fut pris & même mal-
traité. On le trouva nanti d'un maſque,
de quantité de petits bonnets, & de
livres qui ne traitoient que de révo-
lutions. Se voyant entre les mains des
Satellites, il voulut, pour s'en tirer,
entrer en compoſition avec eux. L'ex-

pédient auroit pu réuffir, fi le vindi-
catif records ne l'eût empêché.

On publia auffitôt qu'il étoit l'Abbé
de la Bourlie, & conféquemment un
perturbateur du repos public. Le
prévôt de Sens, que l'on manda fur le
champ, détruifit cette opinion; mais
cependant il fignifia à l'Abbé un ordre,
qu'il avoit reçu de la Cour, d'arrêter
tous les voyageurs qui n'auroient point
de certificats; & il lui montra la né-
ceffité où il étoit de le conduire dans
les prifons de Sens. Tout ce que l'Abbé
de Buquoit put en obtenir, fut de n'y
être conduit que la nuit.

Il y arriva, regardé comme un
homme accufé d'avoir parlé contre le
Roi, & d'avoir été le chef des faux-fau-
niers qu'on venoit d'exterminer.

Il eût fouhaité qu'on ignorât fa
détention, pour que l'Archevêque
de Sens, avec qui il avoit eu des
procès, & qui lui en vouloit depuis
cinq ou fix ans, ne lui fût pas con-

traire. L'empreſſement de ſes Amis
rompit ſes meſures, en répandant le
bruit de ſon empriſonnement.

Le Préſidial de Sens faiſoit le procès
à cette trentaine de malheureux faux-
ſauniers, & le Prévôt de Melun avoit
été envoyé de la Cour pour y travailler. Ce Prévôt, trouvant que
l'Abbé de Buquoit avoit été un peu
trop légérement arrêté, en dit ſon
ſentiment au Prévôt de Sens, qui,
craignant qu'au cas que l'Abbé pût
ſe tirer d'affaires, il ne lui en ſuſcitât
de fâcheuſes, réſolut de le perdre
abſolument, & conſulta pour cet effet
l'Archevêque, qui lui en donna les
moyens, en écrivant en Cour contre
l'Abbé de Buquoit, & en le dépeignant
comme un homme inquiet, remuant,
& dangereux. Cet Archevêque donna
ordre au Prévôt de Sens de remonter
toute la route que l'Abbé avoit ſuivie
pendant ſon voyage, & d'examiner
ſa conduite. On ſut alors la manière

dont il avoit parlé au Comte de la
Rivière, ainſi que la converſation tenue
à Sollieu, & l'on bâtit là-deſſus des
procédures & des accuſations très-
graves.

Pendant que l'on intriguoit, l'Abbé
de Buquoit avoit eu la liberté du
préau : il avoit appris de ſes amis que
le pis qui pouvoit lui arriver étoit
d'aller paſſer quelque temps dans un
Séminaire, pour avoir mis le piſtolet
à la main contre ceux qui l'avoient
arrêté. Il offrit de s'y aller remettre
de lui-même, & il ſe juſtifia ſur le
maſque, les petits bonnets, les livres,
& ce qu'on avoit encore trouvé ſur
lui.

Son affaire prenoit déjà un aſſez
bon train : les informations du Prévôt
de Sens lui donnèrent une toute autre
face. Il en fut averti ; il chercha à
s'évader, en ſoulevant quantité de
priſonniers, qu'on avoit arrêtés ſans
de bonnes raiſons, & qu'on avoit

obligés, pour se tirer d'embarras, de prendre parti dans le Régiment du Comte de Tonnerre. Il tâcha aussi de mettre les trente faux-sauniers dans ses projets, & de procurer par là la liberté aux uns & aux autres; mais on ne lui en laissa pas le loisir, car on le tira des prisons de la Cour, pour le mettre dans celles de l'Officialité. Ce fut là une ruse de l'Archevêque, qui, sous le prétexte de lui faire faire des complimens, lui envoya des gens qui avoient ordre de l'espionner.

Il ne parla plus à personne; le Comte de Châteauneuf, son parent, ne put obtenir qu'avec bien de la peine, la permission de le voir. S'appercevant que ses embarras alloient redoubler, il fit de nouveaux efforts pour se sauver, & engagea la fille du Concierge à lui en faciliter les moyens. A peine ses mesures commençoient-elles à être concertées, qu'on vint,

à deux heures après minuit, le faire
lever brusquement. On lui mit les
fers aux mains & aux pieds, & on le
jeta dans une chaise escortée par
une douzaine d'archers, laquelle prit
en toute diligence la route de Paris.

Ainsi lié, il arriva pour dîner, à
Montereau, où il excita la curiosité de
tous les habitans. Il fit pourtant bonne
mine à table, y dîna en Philosophe
Stoïcien, & trouva même le secret de
jeter, sans qu'on y prit garde, des
papiers qu'il avoit sur lui, & qui lui
auroient nui indubitablement. Les
gardes qui savoient qu'il avoit fait
quelques tentatives pour sortir des
prisons de Sens, lui dirent que pour
le coup ils le défioient bien de s'é-
chapper de leurs mains.

Il n'y avoit pas grande apparence
qu'il dût y songer; cependant il l'essaya le soir même, &, lorsqu'on fut
arrivé à Melun, où on devoit coucher,
il fit le malade, afin d'empêcher que

les gardes ne couchaſſent avec lui. En
effet, ils le crurent, & ſe contentèrent
de l'enchaîner par un pied, à une
colonne du lit. Dès qu'il s'apperçut
qu'ils étoient tous endormis, il ſe leva
doucement, &, après avoir ſoulevé le
ciel du lit de deſſus les quatre colonnes, il fit ſortir ſa chaîne par le haut
de celle où on l'avoit attaché. Ainſi,
elle ne tenoit plus qu'à ſon pied. Il
la lia à ſa ceinture, &, profitant du
ſilence qui régnoit dans cet appartement, il ſongeoit à gagner la fenêtre,
lorſque, marchant pour cela à tâtons,
il alla donner contre un garde qui étoit
couché par terre, & qui s'éveillant
en ſurſaut, mit bientôt l'alarme parmi
ſes camarades.

On courut chercher de la lumière,
& l'on fut fort ſurpris de voir que
l'abbé de Buquoit étoit non-ſeulement
déchaîné, mais même qu'il s'étoit
ſaiſi de leurs piſtolets, qu'il avoit
trouvés ſur la table, & qu'il paroiſſoit

avoir envie de faire main-baſſe ſur eux. Ils trouvèrent le ſecret de le dé-ſarmer. Il fut doublement enchaîné. On lui fit mille inſultes. On le traita de ſorcier, parce qu'on ne pouvoit comprendre par quel moyen il avoit pu arracher ſa chaîne de la colonne du lit.

On continua toujours la même route: il tra erſa Villeneuve-Saint-Georges, avec les fers aux pieds & aux mains; & quoique, ſuivant les règles, on dût en arrivant à Paris, le mener droit en priſon, on le fit deſcendre à *la Clef-d'Argent*, rue de la Mortellerie, où toutes les perſonnes de Sens ont accoutumé de débarquer, afin qu'il eût la confuſion de paroître devant eux dans un état auſſi mortifiant. Deux hoquetons le conduiſirent enſuite à la priſon du Fort-l'Evêque. Il y reſta huit jours ſur le préau. Pendant ces huit jours, il s'imagina divers moyens pour ſe ſauver. Mais ſon interrogatoire rompit toutes ses mesures, &, contre l'ordinaire, après l'avoir subi, il fut resserré, ne parla plus à personne, & passa pour un homme perdu.

Il ne se découragea point. Il se souvenoit d'avoir oui dire qu'un exempt des gardes-du-corps avoit pu, avec le secours de ses camarades, se sauver de cette prison, par la fenêtre d'un grenier qui donnoit sur le Quai de la *Vallée de Misère* (1), mais qu'il avoit manqué son coup par l'horreur que lui avoit inspiré le précipice, & qu'il avoit eu ensuite la tête tranchée. Profitant de cette leçon, il résolut de tenter ce que le pauvre exempt n'avoit osé risquer. Il tâcha premiérement de s'orienter, & de savoir la carte de sa prison. Il comprit que le grenier en question servoit d'antichambre à sa petite cellule, & étoit en même-temps le garde-meuble de toute la maison :

____

(1) Aujourd'hui le Quai de la Mégisserie.

plein de cette idée, & voulant être
ſûr de ſon fait avant de rien entreprendre, il feignit de ſe trouver mal,
un jour qu'on le faiſoit remonter du
préau : & s'approchant auprès d'une
des lucarnes de ce grenier, il pria le
geolier qui le conduiſoit, de le laiſſer
reſpirer un moment.

Il le lui permit, & l'abbé de Buquoit mettant la tête à la fenêtre, ſous
prétexte de prendre l'air, ſe confirma
dans ſon idée, & vit que la fenêtre
du grenier donnoit effectivement ſur
le Quai de la Vallée-de-Miſère. La
hauteur étoit prodigieuſe ; & il fut
épouvanté de la quantité des piques
qui, vues d'en haut, formoient un
ſpectacle affreux. Il ne ſe rebuta point.
Renfermé dans ſa chambre bien cade-
nacée, il ne ſongea qu'aux moyens
d'exécuter ſon projet.

Tout conſiſtoit à pouvoir ſortir de
ſa chambre, & à ſe trouver ſeul dans
le grenier. Pour y parvenir, il auroit
fallu

fallu rompre la porte. Mais , outre qu'elle étoit trop forte, & qu'il n'avoit point les outils néceſſaires , il auroit encore été à craindre que le bruit qu'il auroit été obligé de faire , ne découvrît tout le manège. Toutes ré-flexions faites , il ne trouva pas de meilleur parti que celui de brûler ſa porte. Se fixant à cette penſée , il pria, dès le lendemain , le concierge de vouloir bien lui permettre de faire lui-même ſa cuiſine dans ſa chambre.

Il demanda des œufs , & du charbon pour les cuire : il paya largement , afin d'obtenir plus aiſément cette per-miſſion. Dès qu'il crut tout le monde couché , il mit de la braiſe au bas de la porte , ſouffla , & fit ſi bien que le feu y prit. Dès qu'il en eut conſumé aſſez pour faire une ouve ͏ ͏ re où il pût paſſer , ne voulant point cauſer d'incendie , il empêcha la flamme d'aller plus loin , & eut recours à ſon pot de chambre pour l'éteindre. Il eut à

combattre une fumée horrible , dont
il pensa être suffoqué ; mais il sur-
monta tous ces obstacles , & après
avoir passé par la brèche , il enjamba
dans le grenier tant désiré.

Le succès répondit à son attente ;
car , quoiqu'il n'eût point de cordes
pour descendre par la fenêtre , il trouva
le secret d'en faire , en coupant par
bandes les toiles de quantité de mate-
las qui étoient dans ce garde-meuble. Il les attacha les unes aux autres ,
& en accrocha un bout qu'il noua à
une des colonnes de son lit. Il mit
cette colonne en travers près de la
lucarne , & la corde se trouva sûre-
ment accrochée dans le grenier. S'aban-
donnant ensuite à sa destinée , il risqua
cette périlleuse descente , & au travers des pointes , dont étoient hérissées
toutes les fenêtres depuis le premier
jusqu'au sixième étage , il arriva enfin ,
vers le point du jour , sur le Quai de
a Vallée-de-Misère , tout déchiré ,

& dans un fort grand désarroi.

Des marchands, qui commençoient à ouvrir leurs boutiques, le virent aborder à terre, & n'eurent garde de le déceler. Mais il pensa être perdu par l'acharnement d'une troupe de polissons, qui le suivoient en faisant des huées, & qui, si une grosse pluie ne les eut dispersés, auroient infail-liblement fait découvrir sa marche. Il tâcha de les dérouter en faisant quantité de tours & détours. Il traversa Saint-Eustache, & arriva auprès du Temple, où, sous prétexte de vouloir déjeûner, il entra dans un cabaret afin de dé-rober sa piste à ceux qui auroient pu le suivre.

Comme il entendit que l'on rai-sonnoit sur son mauvais équipage, il crut que son évasion étoit déjà sçue. De peur de soupçon, il paya promp-tement l'hôte, & sortit sans savoir quel chemin il devoit prendre.

Heureusement il se ressouvint tout

d'un coup qu'une parente d'un de ſes
domeſtiques logeoit à l'enſeigne *du*
Nom de Jéſus, près des Madelonettes ;
il alla s'y refugier. Il lui forgea un
roman, diſant qu'il arrivoit de Pro-
vince, qu'il avoit été attaqué dans
une forêt ; après quoi il donna de
l'argent à cette femme, pour lui ap-
prêter à manger. Ne ſe croyant pas
en ſureté chez elle, au cas qu'elle vînt
à ſavoir la vérité de l'hiſtoire, il ſortit
le ſoir de cette maiſon, & fut, à la
faveur des ténèbres, chercher un aſile
plus ſûr. S'il eût bien fait, il ſeroit
d'abord ſorti du Royaume ; mais il
voulut y reſter pour tâcher de faire
prendre un meilleur tour à ſon affaire,
& d'engager le Parlement à en prendre
connoiſſance.

Il paſſa neuf mois à faire préſenter des
placets au Roi, par leſquels il offroit de
s'aller remettre de lui-même dans les
priſons de la Conciergerie, proteſtant
qu'il ne s'étoit ſauvé de celles du Fort-

l'Evêque, que parce qu'il craignoit d'y
être oublié, & de n'y pouvoir pas obtenir le jugement d'une affaire dont il ne
redoutoit pas les suites dès qu'elle seroit
traitée juridiquement. Toutes ses re-
montrances furent vaines.

Se voyant au bout de neuf mois
aussi peu avancé que le premier jour,
il prit la résolution de quitter la France;
mais il la prit dans une mauvaise con-
jonéture. C'étoit dans le temps qu'un
parti des Alliés, qui avoit enlevé M. le
Premier, avoit manqué son coup, &
que le chef de ce parti avoit été lui-
même arrêté. On avoit alors redoublé
le soin qu'on avoit de garder les ave-
nués du royaume ; & l'Abbé de Buquoit fut pris à la Fère, comme étant
un François réfugié , & un échappé
du parti Anglois. Il eut beau protester
qu'il étoit un marchand forain, on le
mit toujours, par provision, en lieu
de sureté, jusqu'à ce qu'on eut vérifié
la chose. L'on écrivit, à Paris, à

ceux qu'il avoit dit être ſes correſ-
pondans, afin d'en ſavoir la vérité.

Il prévoyoit bien que leur réponſe
ne ſeroit point conforme à ce qu'il
avoit avancé; craignant de retomber
entre les mains de ſes ennemis, il réſolut de ne les point attendre en priſon,
& tenta de ſortir encore de celle-là
par les gouttières, comme il avoit fait
du Fort-l'Evêque. Mais le bruit qu'il
fit, en voulant exécuter ſon projet,
fut entendu de la Concierge. Cela le
fit regarder comme très-criminel, &,
pour mieux s'aſſurer de lui, on le mit
dans un cachot. Il y conſerva le déſir
& même l'eſpérance de ſe ſauver.
Il avoit remarqué, avant d'être ſi
fort reſſerré, que la cour de cette
priſon donnoit ſur les foſſés de la
ville, qu'il y avoit un tas de pierres
& d'ordures d'où, avec un peu d'agi-
lité, on pouvoit ſauter ſur le mur :
un jour qu'on lui faiſoit traverſer cette
cour pour des néceſſités, il pria le

Concierge de lui aller chercher à boire, & lui donna de l'argent, afin d'être mieux obéi. Cet homme ne fit pas de difficulté de le laiſſer dans une cour, qui étoit enfermée dans le centre de la maiſon, & l'Abbé de Buquoit n'héſita pas un moment à tenter le ſaut périlleux ; mais la fatale Concierge, toujours deſtinée à rompre ſes meſures, traverſa, lorſqu'il prenoit ſon eſſor. Il ne laiſſa pas de ſauter dans le foſſé, & de le traverſer à la nage ; mais comme cette femme avoit mis par ſes cris l'alarme au quartier, on courut après lui, on lui coupa chemin par-tout, &, malgré les efforts qu'il fit pour éviter de tomber entre les mains de ceux qui le cherchoient, il ſuccomba, n'ayant plus la force de nager.

On le remporta dans la priſon, &, tout le monde ſe mit dans la tête que c'étoit un miniſtre des Cévennes. Cette opinion fit qu'on le reſſerra plus étroitement que jamais, & que bientôt

après il fut conduit, avec bonne es-
corte, dans la prison de la *Bastille*. Il
n'avoit pas lieu d'espérer de pouvoir
s'en échapper, puisque, humainement
parlant, c'étoit tenter l'impossible. Il
y compta cependant, &, dès en en-
trant, il regarda de tous les côtés pour
remarquer celui qui seroit le plus
propre au dessein qu'il forma dans ce
moment-là, & qu'il trouva moyen
d'exécuter dans la suite, malgré
toutes les difficultés qui s'y rencon-
trèrent.

On ne lui laissa pas beaucoup de
temps pour son examen ; car on le
conduisit au plus vîte dans la tour de
la Bretignière.

Il y a huit tours à la Bastille, dont
chacune à son nom, & qui ont toutes
quatre étages. La première chambre
n'est, à proprement parler, qu'un cachot. Elle est de plain-pied avec la
cour, ne reçoit de jour que par quelques fentes qui font dans un mur épais

de quatorze pieds, & dans lesquelles on pourroit à peine passer le doigt. C'est là que l'on met les criminels à qui on fait le procès, & dont les crimes sont graves. Le second étage de ces tours est moins obscur. Dans les troisième & quatrième chambres, il y a des cheminées ; mais ni les unes, ni les autres ne sont éclairées que par une seule fenêtre. Elles en avoient autrefois davantage ; mais un certain Gouverneur de cette forteresse, Normand de nation, & dont le cœur étoit sans doute peu sensible à la pitié, ne trouva pas à propos que les pauvres prisonniers pussent ainsi respirer à leur aise : il les fit boucher. Outre les grilles épaisses qui ferment cette unique fenêtre au dehors, il y en a encore une qui avance de plus d'un pied dans la chambre afin d'empêcher qu'on ne passe la tête dans l'épaisseur du mur.

La première tour de la Bastille s'appelle la tour de la Bretignière ; la se-

conde, la Brétaudière ; la troisième, la
Comté ; la quatrième, du Puits ; la
cinquième, du Tréfor ; la fixième, du
Coin ; la feptième de la Liberté ; & la
huitième, la tour de la Chapelle.

L'Abbé de Buquoit refta dans la Tour
de la Brétignière, dans une chambre
baffe, ou cachot, jufques à fon premier interrogatoire. On l'en tira enfuite, pour le mettre avec quelques
autres prifonniers dans une troifième
chambre. Là, après avoir fondé les
efprits, il propofa à fes compaguons
les moyens qu'il avoit imaginés pour
fortir. Afin de les encourager à prendre
confiance en lui, il leur déclara qu'il
avoit encore de l'argent & des bijoux,
qu'il offroit de partager avec eux, dès
qu'ils auroient été affez heureux pour
recouvrer leur liberté.

Un difcours auffi touchant avoit
fort animé les auditeurs ; mais un autre
Abbé, qui eut moins de foi que le refte
de la troupe, jugea qu'il feroit plus

fûr pour lui d'en être le délateur , &
fit avertir le Gouverneur des projets
de l'Abbé de Buquoit.

L'Abbé de Buquoit fut remis dans
la chambre baffe d'où on l'avoit tiré ,
afin qu'il y fît pénitence de l'envie
qu'il avoit eue de fe fauver. Il y refta
feul pendant quelques jours ; mais s'en-
nuyant de cette folitude , & voyant
bien qu'il n'y avoit pas moyen d'é-
chapper de ce cachot, il s'avifa d'un
ftratagême, pour fe faire remettre en
chambre ; ce fut de faire le mourant.
Il joua fon rôle parfaitement. Dans le
temps qu'il entendit ouvrir fa porte ,
& qu'on entra pour lui apporter à
manger, il parut tout debout, d'un air
effaré , tenant fon pot de chambre à
la main , & fe laiffa tomber dans fon
ordure. Il fit enfuite le mort pendant quelque temps. Après qu'on lui
eut fait prendre différens remèdes , il
commença à donner quelques fignes
de vie , fur-tout quand il vit qu'on

vouloit fouiller dans fes poches. L'on
efpéra qu'il pourroit revenir de cet
accident, mais on craignit que la chofe
ne dégénérât en paralyfie. Quand on
le crut hors d'état de rien entreprendre,
& qu'on jugea qu'il avoit befoin de
fecours, on le remit en fociété.

Ce fut alors qu'il fentit renou-
veler fes efpérances. Ne voulant
plus fe confier trop légérement à
fes camarades, il contrefit avec eux
le paralytique, comme il faifoit
devant ceux fous la garde defquels
il étoit. Réfolu de bien éprouver les
efprits avant que de fe déclarer, &
de bien connoître le terrain, il fit
en forte, fous divers prétextes, de
voyager dans la Baftille, & d'y par-
courir toutes les Tours, en fe faifant changer de temps en temps de
chambre, afin de voir par quel endroit il lui feroit plus aifé de tenter
l'aventure, & afin de fixer là fon
domicile.

Quand il eut ainſi erré pendant quelque temps d'une tour à l'autre, il fut mis dans la tour de la Brétaudière, avec un gentilhomme Allemand, luthérien, qu'on appeloit le Baron de Peken, & qui, dit-on, avoit été arrêté pour avoir oſé dire que le Roi ne voyoit qu'à travers les lunettes de Madame de Maintenon. Outre ce Baron de Peken, il y avoit dans la même chambre un Irlandois dont l'Abbé de Buquoit ne s'accommodoit pas; il trouva le ſecret de s'en défaire, en le mettant aux priſes avec le Baron de Peken.

C'étoit tous les jours nouvelles querelles, & les choſes en vinrent enfin juſqu'au duel. L'Allemand ayant ſéparé une paire de ciſeaux qu'il avoit, en attacha chaque moitié à un bâton, & avec ces épées, propoſa le combat à ſon ennemi. L'Abbé les empêcha d'en venir aux mains, & avertit les guichetiers de ce qui ſe paſſoit, de forte qu'on les fépara. L'Abbé de Buquoit auroit rifqué dans cette occafion de voir éloigner l'Allemand auffitôt que l'Irlandois, s'il n'avoit eu la précaution quelque temps auparavant d'entreprendre fa converfion : ainfi on n'eut garde de les féparer, & on le laiffa auprès de l'Abbé, afin qu'il achevât de le perfuader.

Dès que l'Abbé de Buquoit fe vit débarraffé de l'incommode Irlandois, il fit confidence de fon deffein au Baron de Peken, après avoir exigé de lui les fermens néceffaires pour fa fureté : enfuite ils examinèrent les moyens les plus propres à l'exécution de ce deffein. Il fut d'abord réfolu d'attaquer un des endroits où il y avoit eu autrefois des fenêtres, & d'en ôter les pierres dont ce vuide avoit été rempli. On y travailla pendant quelque temps, & l'on commençoit déjà à bien efpérer du fuccès, lorfque ces belles efpérances furent

renverſées par un faux frère : voici
comment : ˙

Le Baron de Peken, qui étoit dans
cette chambre depuis plus long-temps
que l'Abbé, avoit établi une eſpèce
de correſpondance avec quatre priſonniers qui étoient dans la chambre
au-deſſus, & il avoit ſouvent avec
eux des converſations, par le mòyen
de certains trous qu'il avoit faits dans
la cheminée. L'Abbé de Buquoit avoit
été admis à ces converſations ; mais
il n'avoit pas jugé à propos de parler
de ſon projet à ces Meſſieurs. Peken
le fit à ſon inſçu ; & le complot fut
encore découvert par un nommé
Joyeuſe, fils d'un Magiſtrat de Co-
logne, que le déſir & l'eſpoir de la
˙berté engagea à trahir ſes confrères.

Cette affaire n'eut pourtant pas
d'auſſi fâcheuſes ſuites que l'on auroit
pu croire : le projet fut traité de vi-
ſion, & l'Abbé qui faiſoit toujours
extrêmement l'écloppé, dit que le

Baron de Peken, ayant bu un verre
de vin de trop, avoit été faire ces
contes pour se divertir; & que l'autre
y avoit cru sottement. On avoit eu
soin de raccommoder ce qui avoit été
gâté autour de l'ancienne fenêtre :
ainsi il n'y paroissoit pas. Tout ce
que cette trahison produisit, ce fut
de faire changer l'Abbé, qui fut mis
dans une autre chambre, afin d'empêcher les communications de la cheminée. On le mit dans la Tour ap-
pellée de la Liberté, & on lui laissa
toujours son Baron Allemand, afin
qu'il pût achever l'œuvre de sa con-
version.

Il fallut, dans cette dernière chambre, travailler sur de nouveaux frais
à l'évasion. Il n'y avoit pas moyen
de chercher à se faire jour au travers
des fenêtres bouchées, cet endroit
étoit devenu suspect depuis la trahison,
& il y avoit apparence qu'on les
observeroit de ce côté-là. Attaquer

les grilles des fenêtres, il auroit fallu pour cela des limes. Tout examen fait, il fut réfolu de chercher fon falut par les lieux d'aifances.

Ceux de cette chambre-là donnoient dans le foffé de la Porte Saint-Antoine. On échaffauda dans ces lieux quelques crampons tirés de la cheminée, & quelques planches du lit fervirent à la conftruction & à la fureté de cet échaffaud. C'étoit là-deffus que l'on fe campoit toute la journée pour travailler à faire une ouverture dans le mur, par laquelle, à la faveur de certaines échelles de corde, on pût defcendre dans le foffé.

Les outils dont on fe fervoit pour percer cette muraille, étoient des morceaux de fer, des plaques de cuivre, des clous & des lames de couteaux, dont l'Abbé de Buquoit avoit fait provifion dans les différentes chambres où il avoit été transféré, & où il avoit arraché tout ce qu'il

avoit pu trouver. Il avoit eu foin
d'aiguifer tous ces outils aux cruches
qu'on donne ordinairement aux prifonniers , & il s'étoit auffi fervi du
feu , pour rendre tous ces différens
morceaux de fer propres à être d'ufage.

Pour les échelles de cordes , il fe
fervoit des ofiers de toutes les bouteilles qu'on avoit coutume de lui
donner foir & matin. De peur qu'on
ne découvrît l'amas qu'il faifoit de ces
ofiers , & que cela ne le rendît fuf-
pect , il avoit décarrelé un coin de fa
chambre , & tiré la terre qui eft entre
les carreaux & le plancher. C'étoit
dans ce trou qu'il enfermoit , comme
dans un magafin , toutes les chofes
qu'il croyoit propres à l'exécution de
fes projets.

Il y mettoit des bandes de toile
qu'il coupoit de temps en temps de
fes draps & des ferviettes qu'il déro-
boit : il mettoit enfuite tous les vieux
linges en charpie , & après les avoir

filés de nouveau; il les mêloit avec
les ofiers des bouteilles, & en faifoit
une corde propre à lui fervir dans
l'occafion.

Le travail avançoit, & il touchoit
prefqu'au moment défiré : tout-à-coup
le plancher enfonça , & fit tomber
l'Abbé de Buquoit & fon camarade
dans la chambre d'un Jéfuite , qui
avoit l'efprit troublé , & que cet évé-
nement acheva de rendre tout-à-fait
fou : car l'Abbé s'étant avifé de vouloir lier converfation avec lui en latin,
ce bon Père s'imagina qu'il y avoit
quelque confpiration contre lui , &
tomba dans la dernière extravagance.

Cette aventure rompit encore les
mefures de l'Abbé de Buquoit, fans
pourtant le décourager. Il efpéra de
rentrer dans fon ancienne chambre ,
& il y fut effectivement remis dès
qu'on en eut raccommodé le plancher;
mais il n'eut pas le plaifir d'y refter
long-temps ; car un jour qu'il étoit

à table , il vit un menuifier qui prenoit des mefures pour faire un guichet
à la porte. Cette nouveauté l'alarma :
il crut qu'il y avoit des ordres de le
refferrer de plus près ; mais enfin il
fçut par le Gouverneur qu'il n'étoit
queftion que de le changer de chambre ; qu'on deftinoit celle-là au Jéfuite
fou , & qu'on y faifoit un guichet
afin de pouvoir lui donner à manger
par là.

Ce difcours fut un coup de foudre
pour l'Abbé de Buquoit, qui s'apperçut
bien qu'il falloit renoncer à paffer par
les lieux d'aifance , & perdre le fruit
de fon travail. Il diffimula pourtant
fon chagrin devant le Gouverneur ,
& fe foumit , fans murmurer , à ce
qu'il ne pouvoit empêcher.

Son camarade n'étoit point auffi
philofophe que lui ; ce contre-temps
le mit de fort mauvaife humeur.
L'Abbé vit bien qu'il n'y auroit plus
moyen de lier la partie , ni de le faire

donner dans de nouveaux projets ;
c'eſt pourquoi , pour s'en défaire il
lui perſuada de changer de religion ,
puiſqu'on avoit mis à ce prix ſa liberté.
Le Baron le fit ; mais il n'en fut pas
plus avancé : on le renvoya à la fin
de l'hiver , & on trouva des raiſons,
bonnes ou mauvaiſes , pour prétexter
ce retardement.

L'Abbé , qui vouloit abſolument en
être défait , & qui ne pouvoit plus
ſouffrir ſes emportemens , lui conſeilla
de faire ſemblant de vouloir ſe tuer,
afin d'obliger le Gouverneur à le mettre
plutôt dehors. Le Baron , qui ſe faiſoit
peut-être un ſcrupule de feindre toujours , & que ſes chagrins ou ſes re-
mords jetoient dans le déſeſpoir , ſe
réſolut à jouer ſon rôle d'une manière
naturelle. Lorſque l'Abbé fut couché,
ce Baron ſe coupa les veines avec un
petit couteau, dont il avoit eu ſoin d'ai-
guiſer la pointe. Après cette belle expé-
dition , il appela d'une voix mourante

l'Abbé, qui fut très-ſurpris, en s'éveillant, de voir des ruiſſeaux de ſang dans ſa chambre , & ſon camarade dans un ſi pitoyable état.

L'Abbé de Buquoit frappa à la porte, (c'eſt ainſi qu'on appelle du ſecours dans la Baſtille) les ſentinelles en avertirent le corps-de garde, & l'on vint bientôt voir ce dont il s'agiſſoit. Cet affreux ſpectacle frappa d'horreur le Gouverneur, qui avoit effectivement eu ordre de mettre le Baron de Peken en liberté, & qui, par des raiſons d'intérêt, avoit voulu le garder encore quelque temps. Il lui fit faire tous les remèdes néceſſaires pour étancher ſon ſang, & pour rappeler ſes forces. On le tranſporta dans un appartement plus commode ; l'eſpoir d'une prochaine liberté, ſecondé par les ſoins que l'on prit de lui, & par la force de ſon tempérament, le remirent bientôt ſur pied, & en état de

fortir de la Baftille , où on n'étoit plus
en droit de le retenir.

Pendant ce temps, l'Abbé de Buquoit,
qu'on ne jugeoit pas à propos de laiffer
tout feul dans une chambre où on
pouvoit mettre plufieurs perfonnes ,
fut transféré , parce qu'on ne favoit
avec qui l'affocier , dans un endroit
qu'on appelle la Calotte , & qui, étant
au-deffus de la quatrième chambre ,
forme le dernier étage de la Tour ,
& en eft proprement le dôme.

Ces fortes d'endroits font les moins
défagréables de la Baftille dans la belle
faifon , parce qu'ils font plus aérés;
mais on n'y fauroit demeurer dans
l'hiver. Ce fut précifément dans ce
temps que l'Abbé de Buquoit y fut
mis. Tout y étoit rempli de figures
effrayantes & de fentences pour pré-
parer à la mort. L'Abbé n'y voyant
que des objets lugubres , & s'y trouvant d'ailleurs très-incommodé, s'imagina que c'étoit fait de lui : il fe crut

empoiſonné , & ſe perſuada que le
Baron de Peken l'avoit trahi en décou-
vrant la manœuvre qu'ils avoient faite
dans les lieux d'aiſance , & qu'on vouloit le faire mourir à petit bruit. Il
en fut quitte pour la peur. Sur ce
qu'il repréſenta qu'il ne pouvoit pas
demeurer dans cette *Calotte* , on lui
offrit de le mettre en ſociété avec le
Père Brandebourg de Clèves , Capucin
d'une grande diſtinction , qui avoit été
tout puiſſant auprès de la Reine Douai-
rière d'Eſpagne , & qui avoit été mis
à la Baſtille pour des raiſons d'Etat &
de Politique.

Ce Père étoit le ſeul à qui l'on per-
mît d'avoir des livres ; ainſi , on pen-
ſoit que l'Abbé de Buquoit ſeroit
charmé de pouvoir profiter de ſa
bibliothèque ; mais comme il n'avoit
jamais perdu de vue ſon deſſein , &
qu'il prévoyoit qu'il ne ſeroit pas en
ſon pouvoir de l'exécuter , il dit au
Gouverneur que le Capucin voulant
être

être traité de Prince, il craignoit de
ne pouvoir sympathiser avec lui, &
qu'il aimeroit beaucoup mieux être
associé avec quelque bon garçon Protestant, afin de pouvoir le convertir,
comme il l'avoit fait du Baron de Peken.
Il n'avoit cherché, depuis quelque
temps à voyager dans les diverses
Tours de la Bastille, que pour parvenir à se rencontrer avec un nommé
Granville, dont il avoit oüi parler
aux quatre prisonniers avec qui il
avoit fait conversation par la cheminée, lequel étoit en prison, parce
qu'étant Protestant, & refugié depuis
long-temps en Angleterre, il s'étoit
avisé de venir faire un voyage à Paris.

Il y avoit long-temps que l'Abbé
de Buquoit souhaitoit de le voir, parce
qu'il le savoit porté de très-bonne vo-
lonté à se sauver, supposé que l'occasion s'en présentât. Le Gouverneur,
qui ne pénétroit pas ses vues, le
croyant seulement animé de zèle pour

C

la propagation de la foi, n'héſita pas
à lui donner Granville pour compa-
gnon, & le pria de mettre tout en
œuvre pour en faire un bon Catho-
lique.

L'Abbé de Búquoit fut charmé de
ſon nouveau camarade, qu'il trouva
beaucoup plus docile ſur les moyens
de l'évaſion, que ſur les points de
controverſe. Il fut réſolu de travailler
de concert à ſe procurer la liberté :
on prit des meſures pour cela, & pendant ce temps, on leur donna encore
d ſ autres compagnons : Cette aug-
mentation fit d'abord de la peine à
l'Abbé de Buquoit ; mais quelle fut
ſa joie, quand il vit que l'un de ces
nouveaux camarades étoit un des
quatre voiſins de la cheminée, ap-
pelé le Chevalier de Soulange.

Il n'en témoigna rien devant les
guichetiers ; mais dès qu'ils furent ſortis,
& qu'on eût fermé toutes les portes,
Soulange & lui s'embraſſèrent ten-

drement. Après que chacun eût répondu
pour fon camarade, la converfation
devint générale,

Tous les quatre tinrent confeil fur
les moyens de fe fauver, & l'Abbé
de Buquoit eut foin de s'affurer de
fes compagnons par les fermens les
plus forts; il vouloit leur faire mettre
la main fur l'Evangile; comme il n'en
avoit point, il y fuppléa en en écrivant
des paffages: il fe fervit, pour écrire,
de plumes de paille, & fit une efpèce d'encre avec la fuie de la cheminée.

Après avoir écrit ces paffages de
l'Evangile, il fit jurer deffus fes camarades. Comme il falloit profiter du
temps qu'ils avoient à paffer enfemble,
& ne pas attendre qu'on les féparât,
l'Abbé de Buquoit fe détermina à fe
fervir de fon corps de réferve. Il
déclara qu'il avoit une petite lime,
qu'il avoit toujours cachée avec foin,
& qui avoit échappé à la vigi-

lance de ceux qui l'avoient fouillé.

On décida qu'avec ce petit outil, on limeroit les grilles de la fenêtre, & qu'avec des échelles de corde on descendroit ensuite dans le fossé.

L'Abbé de Buquoit avoit conservé quelques-unes des cordes qu'il avoit filées avec Peken : on en fila de nouvelles, & chacun mit la main à l'œuvre, afin d'avancer la besogne : mais c'étoit tous les jours disputes nouvelles. L'Abbé vouloit, après avoir levé la grille, descendre dans le fossé & le remonter ensuite : les autres étoient d'avis de passer par la demi-lune dans le fossé qui donne hors de la porte. Il y avoit de la difficulté par-tout. On nomma un Président de l'assemblée pour tâcher de ramener les esprits, mais il n'y eut pas moyen ; il fut enfin décidé que, quand une fois on seroit descendu dans le fossé, chacun se sauveroit après à sa mode.

Il étoit pourtant dangereux que ceux

qui échoueroient dans l'entreprise, ne coûtassent cher aux autres, & l'Abbé de Buquoit, qui croyoit ses moyens sûrs, perdoit beaucoup à ce marché-là. Il s'y accommoda pourtant. La nuit pour l'évasion étant arrivée, on leva la grille, dès qu'on crut que tout le monde étoit retiré ; & de peur que, des chambres d'en-bas on ne vît des corps suspendus en l'air, on eut soin de descendre un grand drap, qui formoit un nuage devant les fenêtres, & empêchoit qu'on ne découvrît la descente. Comme il falloit aussi faire avancer une machine, afin que la corde ne fût pas attachée à la muraille, pour accoutumer les yeux des sentinelles à cette vue, il avoit mis, quelques jours auparavant, une espèce de cadran au bout d'un bâton qui avançoit trois ou quatre pieds plus que la fenêtre.

Toutes les précautions avoient été prises, & on avoit barbouillé la corde

de noir, afin qu'on l'apperçût moins;
l'Abbé de Buquoit demanda à ses camarades la permission de descendre le
premier, promettant de les attendre
dans le fossé pour y recevoir les
machines qu'on devoit lui jeter, &
dont chacun devoit se servir à sa
manière.

Il devoit aussi les avertir, par un
signal, du moment où la sentinelle
auroit le dos tourné, afin d'en profiter; ce signal étoit un cordon qu'on
devoit attacher à la fenêtre, & qui en
le tirant de différentes sortes, devoit
dire le pour ou le contre.

Tout étant ainsi réglé, l'Abbé descendit, & il fut plus de deux heures dans
le fossé, sans entendre parler de ses
camarades, & sans les voir. Il avoit beau
tirer le cordon, personne ne répon-
doit. Il commençoit à croire que
quelques nouvelles disputes avoient
fait abandonner à ces Messieurs le
dessein de se sauver, lorsqu'il vit des-

cendre peu à peu les machines néceffaires, & enfuite deux de fes camarades, l'autre n'ayant pu paffer par
la brêche. Il fut que c'étoit cela qui
les avoit retenus fi long-temps, &
qu'enfin le pauvre Granville, car
c'étoit lui qui étoit le malheureux,
avoit eu la générofité de les exhorter
à l'abandonner, difant qu'il valoit
mieux qu'il n'y en eût qu'un qui
périt.

Après ce trifte récit, l'Abbé de
Buquoit exhorta encore les autres à
prendre les mêmes mefures qu'il avoit
réfolu de prendre, & leur offrit de
couper la gorge à la fentinelle, en
cas qu'elle les découvrît, & d'empêcher par là qu'elle n'avertît le corps-
de-garde. Ses amis perfiftèrent dans
leur entêtement ; il prit fon parti.

La chofe réuffit comme il l'avoit
imaginée. Il planta fon échelle de
corde, & s'accrocha contre un balcon,
profitant pour remonter le foffé, du

moment où la sentinelle s'éloignoit de lui. Le fossé étant remonté, il escalada encore, & monta dans une gouttière, d'où il sauta dans la rue S. Antoine, par l'endroit où sont les bouchers, dont un des crochets, qui tenoit à des étaux, pensa lui fendre le bras.

Avant de sortir de la gouttière où il s'étoit retranché, il avoit voulu voir ce que deviendroient ses camarades ; mais ayant entendu criér, comme si l'on prenoit quelqu'un à la gorge, & ayant vu ensuite partir le feu d'un fusil, il jugea qu'ils avoient voulu se saisir de la sentinelle, & qu'ayant manqué de résolution ou de force, ils avoient été découverts, & qu'on avoit tiré dessus. Comme il n'a jamais entendu parler d'eux, il a eu lieu de se confirmer dans cette pensée, & de croire qu'ils ont péri dans cette occasion.

Il n'attendit point un pareil sort dans sa gouttière, & il descendit bien

vîte dans la rue S. Antoine. Il gagna
la rue qu'on appelle des Tournelles,
& en faifant bien des contremarches
& des détours de peur d'être fuivi,
il traverfa prefque tout Paris, & arriva enfin à la porte de la Conférence.

Il trouva là des amis qui le cachè-
rent, & qui lui donnèrent les moyens
de paffer dans les Pays étrangers. Il
n'eut garde de refter encore à Paris,
comme il avoit fait après fa fortie du
Fort-l'Evêque. Il trouva plus à propos de fe mettre en lieu de fûreté.
Il paffa en Suiffe. Après avoir erré
deux ans dans ce pays & en Allemagne,
pour fe faire un parti capable de s'éle-
ver contre le defpotifme qui régnoit
en France, & dont il s'étoit déclaré
le plus mortel ennemi, il retourna
en Suiffe, où il eft mort.

Quelque temps après fon départ, une
de fes tantes avoit préfenté en fa faveur
un placet au Roi. En voici la copie

exacte & fidelle. Vous y comprendrez
peut-être encore mieux ce que c'étoit
que l'affaire de l'Abbé de Buquoit.

AU ROI.

S I R E ,

La veuve du feu Comte de Buquoit
remontre très - humblement à Votre
Majeſté, que le ſieur Abbé de Buquoit,
neveu du feu Comte ſon époux, a eu
le malheur d'être arrêté près de Sens,
pour le ſieur Abbé de la Bourlie, envoyé
prétendu de M. de Marlborough, pour
encourager les faux-Sauniers (répandus
dans la Champagne, & dans la Bourgogne), à une rébellion. La mépriſe
ayant été reconnue preſque auſſitôt
que le ſieur Abbé de Buquoit fut
interrogé, la Cour alloit lui donner
ſon élargiſſement, lorſque ſes ennemis, qui avoient été informés de ſa
détention, & le ſieur Archevêque de
Sens entre autres, s'aviſèrent d'écrire

contre lui en Cour, où ils essayèrent
de le faire passer pour un homme inquiet, entreprenant, capable de trou-
bler l'Etat, qui avoit mal parlé du
Gouvernement, & dont les sentimens
étoient particuliers sur la Religion.

Cette accusation qui n'avoit de fon-
dement que dans la haine de ses ennemis, avec qui le sieur de Buquoit
avoit eu plusieurs procès, dans lesquels
l'injustice de leur cause les avoit fait
succomber, ne laissa pas de faire im-
pression dans un temps qui faisoit tenir
les yeux ouverts à la défiance.

Il y eut ordre de le transférer des
prisons de Sens en celles du Fort-
l'Evêque. Ce fut là qu'il apprit de
quelle manière se traitoient les affaires
qu'on nomme d'Etat, où le plus simple
des soupçons devenoit un crime, &
dont la peine étoit de courir risque
d'être enfermé, sans qu'on pût espérer
d'avoir recours aux usages & aux loix
pour faire entendre la bonté de sa cause

Effrayé de cette manière de pour-
voir à l'innocence des accusés , il
jugea à propos d'user d'esprit pour
s'affranchir de sa prison. Mais, au lieu
de se servir de sa liberté pour aller chez
les étrangers, au hasard mille fois de la
perdre de nouveau, quoiqu'il eût ex-
posé sa vie pour se la procurer, il a
poursuivi en Cour , & pendant près de
neuf mois , un sursis qui lui pût donner
lieu de faire connoître son innocence ,
mais inutilement. Encore que Votre
Majesté lui eût fait la grâce de lui
répondre un placet, où elle témoignoit
vouloir être informée de l'affaire, M. de
Pont-Chartrain , Intendant de Paris ,
qui en devoit rendre compte , & qui
étoit tout à la dévotion de l'Archevêque de Sens , fut rendre vaines toutes
les précautions de l'Abbé de Buquoit.

Il se vit donc comme forcé de se
mettre en chemin pour passer la fron-
tière. Ce fut dans le moment qu'arriva
l'enlèvement de M. le premier écuyer.

Le fieur Abbé de Buquoit, qui, pour mieux couvrir fa fuite, s'étoit déguifé, fut pris pour être du parti Anglois, & connu enfuite pour n'en être point. S'étant cependant évadé, & ayant été chaudement pourfuivi, il fut repris, parce que les forces lui manquoient : il fut battu, volé, chargé de chaînes, mis dans les cachots, & à quelque temps de là, transféré de la Fère à Soiffons, & de Soiffons à la Baftille ; dans le temps où il ne s'étoit point encore fait connoître, & où chacun publioit qu'il étoit un miniftre, qui, des Cévènes, fe réfugioit en Hollande.

C'étoit donc à la Baftille, qu'après avoir fubi plufieurs interrogatoires, tout le foupçon conçu devoit fe diffiper, faute d'aucunes preuves. S'il avoit pu croire que la juftice lui fût rendue, il eût bientôt vû la fin de fa peine, & il femble qu'elle méritoit du dédommagement ; mais, SIRE, ce

n'eſt pas ainſi qu'à votre inſu on en
uſe à la Baſtille. Encore que perſonne
ne ſe plaignît, & que rien n'accusât
plus mon neveu, on l'a obligé, ſous
de fâcheuſes menaces, de rendre compte
de tous les jours de ſa vie (1), ſans
vouloir même qu'il oubliât ceux dont
David demande à Dieu que le ſou-
venir ne s'en préſente point à ſon
eſprit, après avoir été contraint de
s'expliquer.

C'eſt en informant, de votre ordre,
extraordinairement contre lui, qu'on
l'a perdu de réputation en tous lieux:
car on a aiſément cru qu'il étoit criminel de lèze-Majeſté. Mais que s'eſt-
il trouvé dans tout le cours de ſa
vie, qu'un zèle porté un peu trop
loin pour l'Etat, & ſur-tout pour la
Religion ?

---

(1) Sans doute cet uſage, qui eſt pire
que celui de l'Inquiſition, n'a plus lieu à la
Baſtille.

Sire, mon neveu étoit alors très-jeune, & j'employe, pour ce que j'ose dire pour sa défense à votre Majesté, tout son interrogatoire pour témoin: car, pour ce qui est du récollement & de la confrontation, ce n'est pas la coutume d'en user à la Bastille, à la décharge de l'innocence, de peur, peut-être, qu'elle ne paroisse trop par un plus grand éclaircissement.

Ainsi, que reste-t-il à mon neveu de cette espèce d'excès qu'il a fait voir dans ses bonnes mœurs ? le titre d'homme inquiet & remuant.

Je passe sous silence si les plus grands saints ne l'ont point été en un certain sens, car il y a une inquiétude qui naît de l'amour du bien : du moins, il semble que Lacédémone se fût assez bien accommodée de la hardiesse & de la vivacité dans ses citoyens, elle qui regardoit la mollesse ou l'indolence comme des vices sujets à la peine des loix, qui en effet engour-

diffent l'état, & ne font que le ruiner.
Et comment la promptitude, le cou-
rage, l'ardeur, le feu, ne feroient-
ils pas des vertus qui font comme
l'ame des actions? Plût au ciel, Sire,
que vos fujets ne fuffent en défaut
que de ce côté-là; la dignité du nom
françois feroit fûre de toujours fe fou-
tenir! mais à préfent avoir de l'efprit
& être hardi, ou capable de faire du
mal, c'eft déjà l'avoir fait.

De plus, c'eft un mécontent, dit-
on; il a été mal-traité; cela fuffit donc
pour continuer le mauvais traitement!
C'eft fur ces maximes que, dans un
temps de befoin, on jette Votre Majefté
en de très-grandes dépenfes pour faire
périr, fous des murs, une multitude
d'innocens, & fans doute au grand
préjudice de fa gloire & de fa bonté.

Votre Majefté, Sire, n'en prendroit-
elle point compaffion? tous demandent
qu'on leur faffe leur procès, & qu'on
fe hâte de les faire mourir s'ils font

coupables ; car leur vie n'eſt qu'une ſuite de langueurs. Une ſi juſte requête n'eſt point écoutée !

Redite ennuyeuſe du priſonnier : tenez-vous tranquilles, leur dit-on : c'eſt le mot d'uſage. Comme ſi le feu d'un chagrin qui ne s'uſe point, étoit choſe très-facile à concilier avec le repos.

Cependant plus de deux années s'étoient déjà écoulées, Sire, ſans qu'il fût poſſible à mon neveu de me donner même une ſeule fois de ſes nouvelles. Il jugea bien que tout ce qu'il avoit appris au Fort-l'Evêque, au ſujet de la Baſtille, étoit beaucoup au-deſſous de toutes les diſgraces qu'il y éprouvoit.

Ses fatigues précédentes avoient déjà uſé ſa ſanté, & la dureté de ſa priſon ne la réparoit pas. L'humidité, le défaut d'air, un jour avare qui ne ſe montre qu'à regret par des ouver‑ tures, dans des murs de plus de

douze pieds d'épaiſſeur, le retranche-
ment abſolu de toute ſociété, ſi pé-
nible à un homme vif, cette ſolitude
entière qui laiſſe le cœur ſans ſoutien
au moment que l'imagination, qui
n'eſt point diſtraite, ne s'applique
qu'à groſſir ſon tourment, & par-
deſſus tout, la terrible inquiétude de
n'y point voir de fin; ce qui fait que
les uns en perdent l'eſprit, que les
autres entreprennent ſur leur vie, tel
que le Marquis Darremberg, à qui
mon neveu a pluſieurs fois arraché le
couteau de la main, ainſi qu'à beaucoup d'autres.

Tant de ſujets de douleur, lui de-
voient, Sire, être un mal très-preſ-
ſant! Oui, Sire, c'eſt l'intérêt des ad-
miniſtrateurs de cette priſon d'état,
qui n'ont que leur conſcience à oppoſer
à leur avarice, & quelle conſcience!
& non le vôtre, à qui il en coûte
de toutes manières, de retenir les
priſonniers, ſur qui ils font des pro-

fits qui ferviroient feuls à l'entretien d'une petite armée ailleurs.

La longueur de la peine expie le crime, & fléchit enfin le courroux de l'offenfé : & ici ce n'eft qu'une préparation à en établir la durée ! Le plus innocent, à force de fouffrir, eft à la fin cru coupable ! Qui pourroit en effet s'imaginer que, fous un règne jufte, il pût être fi long-temps & fi cruellement retenu ? qui le fouhaiteroit, n'ofe parler pour lui ; il feroit regardé comme un criminel d'Etat. Pendant ce temps, les amis manquent, ou par la mort qui les enlève, ou par la facilité qu'on a à bannir le fouvenir de ceux qu'on ne voit plus, & fur-tout de ceux que leur malheur nous fait regarder comme inutiles ; de forte que l'homme captif doit, en cet état, fe confidérer comme déjà mort avant que de mourir. Il ne vit que pour fentir fa perte.

Ah ! Sire, s'il étoit permis ici de fe

récrier : ô vue des plus affligeantes pour cet amour si intime que la nature nous donne pour nous , plutôt que pour une pareille désolation !

Ce n'étoit pourtant pas là , SIRE , ce qui affligeoit plus mon neveu. La pensée de se voir sous des murs , hors d'état de ne plus faire de bien sur la terre , après avoir sacrifié son plaisir & toute sa jeunesse pour joindre , à quelques connoissances , la facilité de l'expression , est ce qui l'a le plus tourmenté. C'est aussi cette considération par-dessus tout qui l'a obligé de recourir de nouveau à l'industrie , pour laisser la Bastille vuide de sa personne : ce qu'il a sçu exécuter le 5 Mai , à deux heures du matin , après beaucoup de peines , de sueurs & de travail , pendant près de deux ans.

Sire , tant de soucis , tant de traitemens si mauvais & si injustes , n'ont pu affoiblir tant soit peu l'amour du

devoir dans le cœur de mon neveu.
Comme il a agi, après s'être sauvé
du Fort-l'Evêque, c'est-à-dire comme
il s'est appliqué, au hasard d'être mille
fois repris, à se justifier, il agit encore
aujourd'hui, avec plus de sureté en
effet : il demande encore, par ma
voix, à faire connoître son innocence.

J'y ai intérêt, Sire, par l'amour
de la vérité, parce qu'il est un des
miens, & parce que j'ai lieu de
craindre que son désespoir ne force
enfin sa vertu : car l'homme qui est
fragile, donne toujours lieu d'appré-
hender. Je connois mon neveu pour
un homme que les suites n'épou-
vantent point, quand ayant fait de
son mieux pour choisir un parti, sa
conscience a sçu chez lui-même le
mettre en sureté.

Ses ennemis, Sire, de même que
ses juges prévenus ou gagnés, se sont
bien mépris, ou ont été très-méchans

de l'avoir voulu noircir. Ne feroient-
ils pas eux-mêmes les coupables &
vraiment dignes de punition, d'avoir
ofé employer le nom de Votre Majefté pour le perdre?

Je demande donc en grâce à Votre
Majefté, SIRE, de fe faire rapporter
l'interrogatoire de mon neveu, pour
fe convaincre que je dis vrai quand
j'ofe lui affurer, non-feulement qu'il
eft innocent, mais encore qu'il eft un
de fes plus zélés fujets, & de ces
fujets qui vont droit à la vérité, où
le Prince trouve cette gloire qui ne
doit fon éclat qu'à la vertu. Je demande que, fon innocence étant une
fois avérée, fes écroues foient par-tout
rayées & biffées, tant des deux prifons
de Sens, fçavoir de la ville & de
de l'officialité, que de celles du Fort-
l'Evêque, la Fère, Soiffons & la Baftille; qu'il foit rétabli dans tous fes
biens, honneurs, prérogatives & di-
gnités; que tout ce qu'on lui a pris à

différentes fois qu'il a été arrêté, mon-
tant à la valeur de plus de six cents
piſtoles, lui ſoit reſtitué; comme auſſi
pluſieurs écrits, le fruit de ſes veilles,
qu'il deſtinoit à l'impreſſion, & dont
il fait plus de cas que de tous ſes
biens, à cauſe de l'utilité qui en pouvoit revenir au public, pour qui tout
ſon plaiſir eſt de ſe ſacrifier; que ſon
laquais & ſa ſervante, l'un nommé
Fournier, & l'autre *Louiſe Dupuis*, qui,
profitant de la conjonĉture fâcheuſe de
ſes affaires, l'auroient volé de la valeur
de plus de dix mille écus, & de tous
papiers, tant d'écrits de ſcience, que
de ſes affaires, ſoient pourſuivis à la
requête des Procureurs de Votre Majeſté, n'étant pas en état de faire,
par lui-même, aucune dépenſe, à
cauſe des grandes pertes qu'il a faites;
ſauf à la ſage diſcrétion de Votre
Majeſté d'aviſer au ſurplus pour l'in-
demnité de tant de ſouffrances, ou en
lui donnant un emploi convenable

dans ſes armées, ou dans l'égliſe ,
étant également diſpoſé à tout, trouvant tout bon, pourvu que ce ſoit
par-tout le bien qu'il puiſſe remplir.
Nous ſerons tous deux obligés d'a-
dreſſer des vœux au Ciel pour la
ſanté & la proſpérité de Votre Majeſté.

Ce placet n'avoit produit aucun des
effets demandés.

F I N.